AUTOS DE LUJO

CONTINENTAL GT DE BENTLEY

Un libro de Las Ramas de Crabtree

Tracy Nelson Maurer
Traducción de Santiago Ochoa

CRABTREE
Publishing Company
www.crabtreebooks.com

Apoyos de la escuela a los hogares para cuidadores y maestros

Este libro de gran interés está diseñado con temas atractivos para motivar a los estudiantes, a la vez que fomenta la fluidez, el vocabulario y el interés por la lectura. Las siguientes son algunas preguntas y actividades que ayudarán al lector a desarrollar sus habilidades de comprensión.

Antes de leer:

- *¿De qué creo que trata este libro?*
- *¿Qué sé sobre este tema?*
- *¿Qué quiero aprender sobre este tema?*
- *¿Por qué estoy leyendo este libro?*

Durante la lectura:

- *Me pregunto por qué...*
- *Tengo curiosidad por saber...*
- *¿En qué se parece esto a algo que ya conozco?*
- *¿Qué he aprendido hasta ahora?*

Después de la lectura:

- *¿Qué intentaba enseñarme el autor?*
- *¿Qué detalles recuerdo?*
- *¿Cómo me han ayudado las fotografías y los pies de foto a comprender mejor el libro?*
- *Vuelvo a leer el libro y busco las palabras del vocabulario.*
- *¿Qué preguntas me quedan?*

Actividades de extensión:

- *¿Cuál fue tu parte favorita del libro? Escribe un párrafo al respecto.*
- *Haz un dibujo de lo que más te gustó del libro.*

ÍNDICE

¡HOLA, CONTI!

Walter Owen (W.O.) Bentley fundó su empresa de automóviles en 1919. Su objetivo era «construir un auto bueno y rápido, el mejor de su clase». Eso hizo su empresa durante décadas antes de que los seguidores de Bentley le dieran la bienvenida al moderno Continental GT en 2003. Este auto deportivo de lujo, de dos puertas, se convirtió rápidamente en el favorito de las celebridades, miembros de la realeza y conductores de **élite** de todo el mundo.

«Conti» es el apodo del Continental GT. El «GT» significa gran turismo: potencia de alta velocidad y auto de lujo para viajes largos.

El precio del Continental GT ronda en no menos de $200 000 dólares.

Bentley fabrica los Continental GT en carrocería **coupe** de techo duro y descapotable. El Continental GT Mulliner es un auto de superlujo. Está disponible con techo duro o descapotable. Los propietarios pueden personalizar *casi todo*.

Robert Downey Jr., Paris Hilton, Jennifer López y Ludacris son propietarios de Contis.

PODEROSO PROWLER

El Continental GT merodea por las carreteras con uno de dos potentes motores. Ambos motores alcanzan velocidades máximas de aproximadamente 200 mph (321 km/h).

El motor V8 tiene ocho **cilindros** en forma de V. Este motor puede pasar de 0 a 60 mph (100 km/h) en 4.0 segundos.

El motor W12 más caro tiene doce cilindros en forma de W. Con este motor, el Conti pasa de 0 a 60 mph (97 km/h) en 3.7 segundos.

Se necesitan seis horas y media y 45 personas personas para hacer un motor W12.

Los Continental GT usan un sistema de tracción en las cuatro ruedas para así adherirse a la carretera a altas velocidades o con mal tiempo. Otro sistema maneja cada **eje** para más control y suavizar los golpes.

V8
C1 BML

ARTE SOBRE RUEDAS

Los diseñadores de Bentley han esculpido el Conti como una obra maestra. La elegante forma fluye desde la parte frontal hacia las ruedas traseras. En la parte trasera, cuatro **tubos de escape** ovalados replican las formas de las luces traseras.

P44 BML

Busca las insignias negras de Bentley. Hay una «B» en el capó, el maletero, las ruedas y el volante. Las insignias «B» autonivelantes de las ruedas se mantienen en posición vertical, incluso mientras giran. ¡Los ingenieros de Bentley piensan en todo!

Bentley Motors hace sus autos en Crewe, Inglaterra. Los británicos le dicen «bonnet» al capó y «boot» al maletero. También conducen por el lado izquierdo de la carretera, por lo que el volante del Continental GT está en el lado derecho del auto.

CABINA DE PRIMERA CLASE

La cabina del Continental GT cuenta con un interior de primera clase. Su tablero central muestra la temperatura exterior, la hora y la brújula en impresionantes medidores **analógicos** de la vieja guardia. Este panel central puede girarse para revelar una pantalla digital de 12.3 pulgadas (31.2 cm).

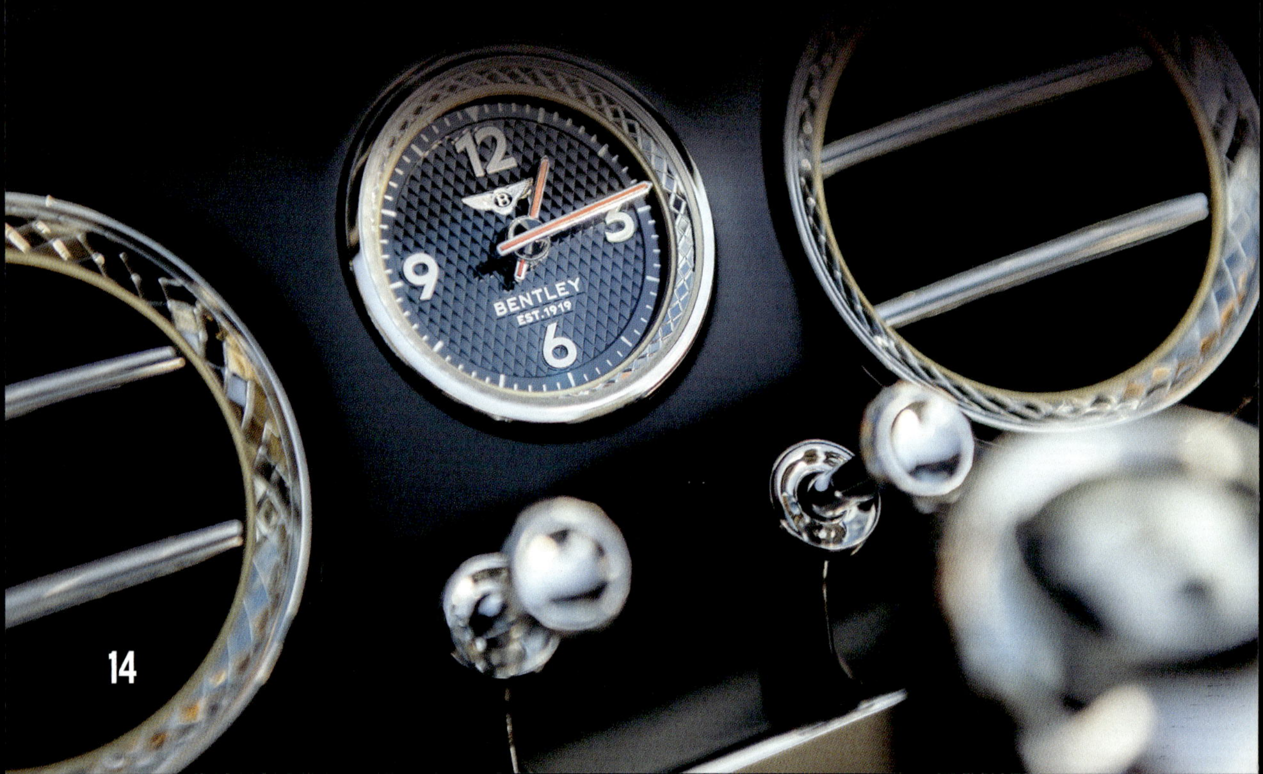

Los asientos acolchados con doble diamante aumentan el confort.

Los asientos 2+2 del Conti permiten que dos adultos quepan cómodamente en los asientos delanteros y otras dos personas pueden apretujarse en la parte trasera. En el maletero caben cinco maletas de equipaje de mano, así que al menos todos pueden empacar una maleta para el fin de semana.

El volante con calefacción es solo uno de los muchos detalles lujosos del Conti.

El Continental GT Mulliner lleva el lujo un paso más allá. Bien sea **a medida**, o personalizados, las opciones hacen que cada auto sea único para el propietario. Los expertos de Bentley elaboran muchos de los detalles a mano.

Hasta la década de 1940, la tela se consideraba más elegante que los interiores de cuero. Los Mulliners a medida y otros Bentleys construidos para la familia real británica podrían seguir teniendo sus magníficos interiores de tela.

UNA CONDUCCIÓN MÁS FÁCIL

El Continental GT ofrece muchas opciones para una conducción más fácil y segura. Por ejemplo, el control de crucero **adaptativo** ajusta la velocidad del Conti para mantener una distancia segura con el auto que va delante. Otro sistema puede detectar si alguien camina frente al auto cuando el vehículo está en movimiento y hunde los frenos al instante.

Drive
11:42
Night vision
Head-up display
Intelligent coasting
Raise suspension
Blind spot assist
Bentley Safeguard
SCREEN
PHONE

BENTLEY
071M647

Una opción de visión nocturna ayuda a los conductores del Conti a ver la carretera en la oscuridad. El Continental GT también cuenta con lindas luces **LED** delanteras y traseras. Las luces parecen brillar como diamantes, el diseño está inspirado en el cristal tallado.

El Conti da la bienvenida a los pasajeros con una opción que ilumina lentamente las luces cuando se acerca el conductor.

CALIDAD MÁS ALLÁ DE LA CALIDAD

Cada vehículo Bentley pasa más de 500 filtros de la lista de control antes de salir de la fábrica. La calidad es importante en cada paso, no solo al final de la producción.

Un especialista en madera comprueba cada centímetro de la madera sin tratar antes de llegar a la planta, un paso que tarda dos días.

Toda la madera utilizada en un auto proviene exactamente del mismo árbol para así asegurarse de que el patrón y el color sean los mismos a lo largo del tiempo.

Más de 4 000 personas trabajan en la fábrica de Bentley Motors en Inglaterra. Allí se hacen unos 10 000 coches al año. Más de 530 personas dedican 110 horas aproximadamente en construir un Continental GT.

Cuando se produjo la pandemia de COVID-19, la fábrica de Bentley utilizó su tecnología 3D para fabricar más de 30 000 protectores faciales para centros de salud y residencias para ancianos.

PENSANDO EN EL FUTURO

Bentley Motors proyectó sus próximos 100 años pensando en la protección del planeta. La fábrica ya utiliza 20 815 paneles solares para abastecer hasta el 40% de la electricidad de la planta, suficiente para dar electricidad a 1 200 casas durante un año.

Rolls-Royce compró Bentley Motors en 1931. El Grupo Volkswagen compró la empresa en 1998. En todo momento el objetivo ha sido construir el mejor auto de su clase. Hasta ahora, todo va bien.

GLOSARIO

a medida Hecho específicamente para una persona o cliente.

adaptativo Capaz de adaptarse o de cambiar para ajustarse a circunstancias particulares.

analógicos Que utilizan partes móviles para medir.

cilindros Cámaras en forma de tubo de un motor.

coupé Autos de dos asientos con techos inclinados.

eje La barra alrededor de la cual giran las ruedas.

élite Personas muy ricas o importantes.

LED Siglas en inglés para «diodo emisor de luz», un tipo de fuente de luz.

tubos de escape Partes de un automóvil por donde son liberados los gases residuales y el vapor del motor.

ÍNDICE ANALÍTICO

SITIOS WEB (PÁGINAS EN INGLÉS):

www.bentleymotors.com

www.topgear.com/car-reviews/bentley/continental-gt

www.caranddriver.com/bentley/continental-gt

ACERCA DE LA AUTORA

Tracy Nelson Maurer

Tracy Nelson Maurer ha escrito más de 100 libros de no ficción para jóvenes lectores. Vive en Minnesota, donde conduce felizmente una miniván.

CRABTREE
Publishing Company

Produced by: Blue Door Education for Crabtree Publishing
Written by: Tracy Nelson Maurer
Designed by: Jennifer Dydyk
Edited by: Kelli Hicks
Proofreader: Janine Deschenes

Translation to Spanish: Santiago Ochoa
Spanish-language layout and proofread: Base Tres
Print and production coordinator: Katherine Berti

Photographs: Cover: Logo graphic © Shutterstock.com/officeku, speedometer © Shutterstock.com/Panuwatccn, shiny car hood top left © Shutterstock.com/ Inked Pixels, Bentley photo © Bentley Motors Limited. All rights reserved, Title page: © Bentley Motors Limited. All rights reserved, PG 4: © Dmitry Eagle Orlov / Shutterstock.com, PG 5: ©Tinseltown / Shutterstock.com, DFree / Shutterstock.com, Tinseltown / Shutterstock.com, Featureflash Photo Agency / Shutterstock.com, PG 6: Featureflash Photo Agency / Shutterstock.com, PG 7: KULLAPONG PARCHERAT / Shutterstock.com, PG 8-9: ©Bentley Motors Limited. All rights reserved (all), PG 10-11: ©Bentley Motors Limited. All rights reserved (all), PG 12: ©Bentley Motors Limited. All rights reserved, PG 13: ©Bentley Motors Limited. All rights reserved, ©Steve Mann / Shutterstock.com (top), PG 14-15: ©Bentley Motors Limited. All rights reserved (all), PG 16-17: ©Bentley Motors Limited. All rights reserved (all), PG 18-19: ©Bentley Motors Limited. All rights reserved (all), PG 20-21: ©Bentley Motors Limited. All rights reserved (all), PG 22-23: ©Bentley Motors Limited. All rights reserved (all), PG 24-25: ©Bentley Motors Limited. All rights reserved (all), PG 26-27: ©Bentley Motors Limited. All rights reserved (all), PG 28-29: ©Bentley Motors Limited. All rights reserved (all). Special thanks to the Bentley Motor Company for contributing images to help build literacy and company car awareness for children through nonfiction/editorial texts

Library and Archives Canada Cataloguing in Publication

Title: Continental GT de Bentley / Tracy Nelson Maurer ; traducción de Santiago Ochoa.
Other titles: Continental GT by Bentley. Spanish
Names: Maurer, Tracy Nelson, 1965- author. | Ochoa, Santiago, translator.
Description: Series statement: Autos de lujo | Translation of: Continental GT by Bentley. | Includes index. | "Un libro de las ramas de Crabtree". | Text in Spanish.
Identifiers: Canadiana (print) 20210294272 | Canadiana (ebook) 20210294280 | ISBN 9781039613218 (hardcover) | ISBN 9781039613270 (softcover) | ISBN 9781039613331 (HTML) | ISBN 9781039613393 (EPUB) | ISBN 9781039613454 (read-along ebook)
Subjects: LCSH: Bentley automobile—Juvenile literature.
Classification: LCC TL215.B4 M3818 2022 | DDC j629.222/2—dc23

Library of Congress Cataloging-in-Publication Data

Available at the Library of Congress

Crabtree Publishing Company
www.crabtreebooks.com 1-800-387-7650

Published in the United States
Crabtree Publishing
347 Fifth Avenue
Suite 1402-145
New York, NY, 10016

Published in Canada
Crabtree Publishing
616 Welland Ave.
St. Catharines, Ontario
L2M 5V6

Printed in the U.S.A./092021/CG20210616